www.ingramcontent.com/pod-product-compliance
Lightning Source LLC
Chambersburg PA
CBHW030718220526
45463CB00005B/2101
* 9 7 8 1 6 5 3 1 3 7 7 1 8 *